더 헐렁하게 사랑하든지

더 헐렁하게 사랑하든지

이사라 시집

시인의 말

많은 것들이 반짝였다
햇살 아래 달빛 아래

나도 반짝였다
당신 틈에서
당신들 틈에서

행복했냐고
불행했냐고

묻지 않으면
더 좋을

그런 반짝임

2025년 봄
이사라

차례

시인의 말　　　　　　　　　　　5

1부 | 나는 늘 부분이었다. 그래도

기록자	13
유목	14
울컥	16
이 세상 끝까지	18
텅 빈 주머니처럼 헐렁하게	20
고고학자인 당신께	22
실존	23
긴장	24
피붙이	26
자화상	27
눈물은 신이 주는 것	28
영면 직전에	30
운명	32
몸이 그렇게 슬픈 건데	34
꿈을 꿨어요	36
콧물이 흐르는 시간	38
황혼	39
누운 꽃도 아름다워	40
작품	42
그 손이 그립다	44

2부 | 안에서 만져지는 몽글몽글한 슬픔

살고 싶어서	47
홈	48
나의 가슴에게	50
사랑이라는 울먹임	52
당신은 품어야 당신인데	54
흠뻑 젖는다는 것	56
구름 너에게	58
낡은 부부	59
그의 얼굴	60
그게 다 사랑 때문이야	62
안에서 만져지는 몽글몽글한 슬픔	64
역사관 앞에서 생각하네	66
틈새	68
연분	69
종교적	70

3부 | 마음이 깊을수록 침묵의 바다 위로 쌓이는 것들

어떤 인생	75
지금 보니	76
하산할 때	78
한 편의 다큐로 끝날 수 없는	80
봄날 그 사람	82
추억이 서로 다른	84

기일	86
더 여린 것들	88
우는 일도 일인데	90
등 뒤의 길	92
청춘에게	94
2020년의 침묵	96
간절하다	97
사람들	98
유언	100

4부 | 이제 우리는 멈춰야 한다는데

멍울 하나	105
낯선 사람	106
저녁에 찍히는 사진	108
유족의 밤	110
누구나 이별	112
꽃잎이 떨어지는데	114
어쩌다 깊은 생각	115
많이 아픈 당신에게	116
폐가의 기도	118
옛 무덤	120
발의 세계	122
그래요 이제는	124
이제는 이 꽃	126

그 끝에는	127
몸이 된 내가	128

5부 | 서로 마음이 마음에 닿을 때까지

내공	133
내 주소는요	134
미물	135
용산역	136
100번 버스 정류장에서	138
이 바닷가	140
카페 OMG!	142
문이 있던 집	144
알래스카 가는 사람들	146
끊임이 없이	148
귀가	150
꿈결	152
꽃 아닌 것들이	154
절대적으로 사랑한다	156
멍 한 덩이	158

해설 | 신수정

몸의 세상, 세상의 몸,	
그 헐렁한 슬픔을 향하여	159

1부

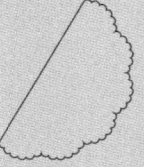

나는 늘 부분이었다.
그래도

기록자

삶에 적당히는 없다
어디서인가는 지진이거나 분노이거나

나는 늘 부분이었다

그래도

맑은 하늘이면 펼쳐진 구름을 기록하고
밤이면 익숙하게 너의 웃음을 기록하고

아슬아슬
사람이 살아가는 날들을 사는 동안

꿈꾸듯 위로를 기록한다

유목

새 풀과 새 물이 필요해요
언제나 건조해요
정착했는데 아닌가 봐요

떠나온 어제가 그랬는데
또 떠나야 할까 봐요

스카이블루

공간은 드넓은데
여기 떠나면
거기는 있으려나
흐느끼는 삶이

가을 되고
나뭇잎이 떨어지니
속울음 소리가
유목이 되네요

이때쯤
서로를 부를 암호가 필요해요

그 사람도 그래요
내게서 얼마나 멀리 갔는지
어디서 다시 잠시 뿌리 내리는지

서로 안 보이는 곳에서

그렇게 떠도는 것이
차라리 정착이려나요

울컥

너와 사는 동안
순간순간
울컥했다

지나온 길이 어두워서
잘 기억은 나지 않지만

네가 건드린 내 심장이
더 홍조를 띤 날이었겠지

저 끝의 바닥에 고여 있던 눈물이
삶의 바늘 끝에서 수직으로 튕겨 오르던
그때 그때들

내 것이었던 것이
그 순간
내 것이 아니게 되는 신비

그렇게 울컥은 찾아들었는데

지금은 잘 기억이 안 나더라도
이해해주길

더 생각해보면
그냥 밥 먹다가
그랬는지도 이젠 모르겠다

그때가 다 지났지만
너를 생각하면 아직도 울컥하다

이 세상 끝까지

그럼에도 나는 살아

너에게 가는 길에 올려다보면
저 구름이
한세상 살다 온 상처 덩어리처럼 나를 따라오네

하얗게 피어나 떠다니는 아름다운 저것이
아름답기 위해 품은 아픔이 얼마나 많을까

푸른 날들을 도려낸
비늘들은 다 어디 갔을까

그사이
별도 몇 겹 뜨고 지고
꽃도 피고 지고
목숨도 왔다 가고

발밑을 내려다보면

폭설이 덮어버린 시간 속에 내가 서 있네

아무것도 아니게 된 하양
그냥 하얗게
남아

이 세상 끝까지 그럼에도

텅 빈 주머니처럼 헐렁하게

하나둘 떠나고

익숙한 것들 사라지고

우리는 남은 것들 틈에 끼어 산다

뇌는 쪼그라들어도
생각은 많은데

그래도
살아남은 자가 아니라
살아가고 있는 자인데

이 어지러움과 불안과 책무가
떠나는 날이 오기는 오나

누구나 그렇듯
눈꺼풀이 닫히면 세상이 없어지는데

나 없으면 세상도 없는데

기억이 먼저 사라지기 전에
우리
헐렁하게 더 헐렁하게 사랑하든지

고고학자인 당신께

다 지나갔는데요
그 시절은 이미 없는데요

발굴은 왜 해요?
방부 보존은 왜 해요?

죽지도 못하고
살지는 더 못하는데요

내 몸을 누가 파헤치려는지
내 역사를 누가 오염시키려는지

말 못하는 내가 말할 수도 없네요

그냥 스쳐 가주세요

주검으로 남고 싶어요

실존

잘 있니?

주위가 고요하다
나 있는 곳이 어디인지

다 빼앗겨도

남는 건
내 몸뿐

몸 없으면 나 없고
나 없으면 영혼도 없다

내 몸이 사건이다

날마다 몸이 닳는데

긴장

번잡한 거리의
이층 창가에서 턱을 괴고
창밖 사람들을 본다

앞으로 뒤로
걸어가고 있는 사람들 사이
한 사람이 돌연 멈춰 서네요
길 한가운데에서

그의 멈춤이
궁금해지는
이 정도의 높이

긴장이 흐르고

저 표정 다 보이듯
내 표정 다 보이는 이 정도의
높이에서

신이 나를 궁금해하는 순간처럼
그에게도
이 정도 높이의
신이 있으면 좋겠다고

제발 더도 말고

한 잔의 차를 마시면서도
문득 신이 찾아드는 때가 있다

피붙이

아프다 말도 못하는
아픔이

슬며시 사라지지 않고

내 생의 곳곳에 뿌리를
내렸어요

그렇게라도
살아갈 힘이 그리웠나 봐요

자화상

먼 길을 돌아오는 사람
세상은 둥근데

자꾸 헛도는 것 같아

사람들 사이여서
이렇게
아프다는 말도 못하고

바람과 함께 이리저리 부딪치며

여기까지 오기까지

미친 사랑 아니었으면
도착 못했을

그래도 여기가 아직 세상
끝은 아니어요

눈물은 신이 주는 것

흐릿한 저 너머
당신이 있어
눈물로 닦아내야 당신을 볼 수 있어

가만히 돌아보는 생은
미끈거리지도 않았지만
팍팍하지도 않았다

당신이 눈을 뜨면 내가 눈 감고
내가 눈을 뜨면 당신이 눈 감는

꼭 그만큼의 눈물이 길을 내주고
꼭 그만큼 사랑했던 거야

그래서 한세상
두 줄기의 빛처럼 서로 반짝였을까
통증처럼 따끔거렸을까

잠 속에서도 흘리는 눈물이 내 것은 아닌 거 같아

영면 직전에

무심하게
그냥 두어둘걸

그때쯤이면

인생이 무거워서
눈꺼풀이 저절로 내려앉는 줄 모르고

눈 감으면 더 잘 보이는 줄 모르고

아버지
눈 떠봐요 엄마도 눈 떠봐요

세상에서 그렇게 딸들 아들들 울었어도

이제는 더 볼 것 없다는 듯
안 보아도 된다는 듯

손바닥 공중으로 펼치신 채
드나드는 바람 소리에
가슴이 뻥 뚫린 채

나는 이제 집에 갈 수 없어
세상으로 돌아갈 수 없어

소리가 안 나는
그 말도 못 듣고

처지는 당신 눈꺼풀만 자꾸 들어 올린
날들이 있었네

운명

여기저기 상처가 보인다
이쯤 되어보니

세상이라는 몸
몸이라는 세상

오늘도
서로
모르는 사이에

셀 수 없이
날 선 칼이 왔다 갔다 했나 보다

눈물 같은 것은
담을 수도 없는

울퉁불퉁 그런 먹먹함으로

거울 닦듯
세상을 닦는다

밤 별처럼 운명이 총총하다

몸이 그렇게 슬픈 건데

아프다고 이제는 소리 내본다
이미 깊게 깃든 걸

지난 세월은 저만치 혼자서 아름다운데

세상은 날마다 나에게 달려들어
건드리고 흔들고
남긴 것이 통증이다

우리가 가진 게 몸뿐인데
우리가 가진 게 몸의 마음뿐인데

아프지 않으면 어떡하나

저녁이면 매일 속이 터지는 해처럼
나도 매일 아프다

함께 가는 몸인데

몸이 그렇게 슬픈 건데

꿈을 꿨어요

생생하게 느껴져요
이 세상이 저세상과 섞여
있는 모호한 공동체

부모 지인 후손
떠난 사람들이 다 돌아와 있어요
허물어져 없어진 옛집
흐려져 가는 기억
스쳐 갔던 창밖의 여정

여기는 비무장지대인가 봐요
아니면 혼수상태인지도

돌아올 수 없는 일들이
다 미안하다고 하는

돌이킬 수 없는 것들이
다 돌이켜지는

뜬구름 같은 경계

여기서는
나도 내가 아닌가 봐요

콧물이 흐르는 시간

당신과 살면서

마음이 아플 때 눈물을 흘리고 살았고
몸이 아플 때 콧물을 흘리고 살았다

나는 평생 소원했지만
편안한 호흡으로 살고 싶었지만

코가 막히고 콧물이 나고 나는 드러눕고
그렇게 잠 아닌 잠을 자는 무의식중에도

눈도 닫고 입도 닫고 귀도 닫아도 되지만
콧물 그득한 코는 홀로 밤을 지새우지

삶의 마지막 통풍구

내가 죽으면 당신은 내 코에 가만히 손을 대어보겠지
당신과 나는 인연이니까

황혼

두 개의 낡은 필름이
힘겹게 돌아가는 저녁

흘러간 시간이 참 짧아서
시간으로 셀 수가 없네

사족을 달 겨를도 없네

누운 꽃도 아름다워

세상이 얼마나 메말라야 하나

바닥 깊은 줄
뿌리 깊은 줄
우리는 서 있을 때는 모른다

죽을 만큼 아파 누워 바닥에 닿으면
그때

질긴 생의 손톱들 저 밑에서부터 자라서
바닥을 긁어댈 때면

그때
뿌리가 꽃잎에까지 솟구쳐 오른다

한없이 솟아오르면
누워서도 보이는 세상이 있다

더 살고 싶어지는
사람들 사이에서
해가 뜨고 새가 날고
촉촉해지는 말들이 오고 간다

작품

사랑하는 네가 태어난 것이
나에게 단순한 사건일까

몸이 크게 여러 번 깨졌다가
그리고 붙었다가
거의 죽었다가 겨우 돌아온 세상

그래 누가 뭐래도 나의 작품이야

더 이상
나무는 초록이지 않아도 되고
하늘은 구름 없이도 영혼을 노래하고

오늘
새롭게
태어나는 모든 것은 작품이다

가끔씩 세상에서 나도 나를 꺼낼 수 있어서
참 다행이야

그 손이 그립다

내가 잡았던 손
그립다

내가 뿌리쳤던 손
그것까지 그리우면
나는 이 세상에 없겠지

마지막 날 세상 끝에서
세상 처음의 날
주먹 쥔 손이 그립다

살아서 살아가면서 살았다면서

그 손이 다 펴지면
나는 다시 그리울 것이다

두고 온 나의 그림자
손 하나가 나를 따라오는 환시의 시간

2부

안에서 만져지는
몽글몽글한 슬픔

살고 싶어서

이 세상에서
슬픈 사람이 슬픈 목소리로
슬프게 살아갈 때

당신은 흐느낌처럼 내 곁에 꼭
붙어 있기를

흠

당신!
당신이라 부르는 당신

이제 서쪽의 문이 닫히기 전에
세상의 물기가 마르기 전에
우리가 헤어지더라도

문 안에서
당신이 없어진 후에도
당신이라 부르면서 당신

지금 여기 몸 없다는 것이 무슨
흠일까

당신과 그날들 겪어내서
당신 없어도
살아 있는데

한세상 붉게 꽃 피워냈고
마지막 잎 잘 떨어낸
그늘만 남은
몸인데

지금 여기 당신 없다는 것이 무슨
흠일까

나의 가슴에게

왜?

당신을 언제 처음 봤을까
스쳤을까
멈췄을까

만났을까

처음이 기억 안 나는 그 사람

붉은 눈금만 남기고 간 사람

가늘지만 질긴 기억의 끈을 잡아당기지만

작은 섬은 더 작아지고
파도는 더 험해진다

작아질수록 험해질수록

각인되는 당신

등 돌린 당신의 등은
또 다른 나의 가슴이다

사랑이라는 울먹임

당신이 울 때
내 가슴이 아프지만

그래야만 당신이 사는 길이라는 걸
알고 있어서

오히려 참는 것이 나여서
내 목이 아프다

태어나서 누리는
한 번의 생인데 당신 참 곡절 많아서
나를 생각해줄 틈이 없어

서늘한 바람 몇 줄기 나의 몸을 스쳐 간다

당신 곁에서 살며
당신이 울 때

당신보다 더 울고 싶은 한 사람 있는데

사랑이라는 울먹임
더 크게 메아리쳐서

오도 가도 못하고
당신만 바라본다

당신은 품어야 당신인데

언제나, 라는 말은
당신에게는 어울리지 않아

평온, 이라는 말도
어울리지 않아

내 곁에서
천둥 같은 너의
지진 같은 너의

천방지축 출구를
나만 알아

당신은 품어야 당신인데

오늘
잔잔하다는 것만으로
당신을 그냥 내버려둔다면

읽어낼 수 없는 낯선 문장으로
내가 살아갈 수 있을까

버티다 쓰러져도
조금 지나면
그리워질
내 안의 당신인데

지금 내 심장 속을 바라보는 내가
당신 안의 나인데

흠뻑 젖는다는 것

두 사람이
오래도록 깃털 가진 사람처럼 사는 이유
아무도 모른다

아슬아슬 구름다리 흔들흔들 헐렁하다

꿈속에서조차
너는 네 것
나는 내 것이고 싶어도
서로
등이 붙은 채
각자의 정면을 바라보며

웃고 싶어도
웃어지지 않는 곳에서
울고 싶어도
울어지지 않는 곳에서

해와 달처럼
하늘에 떠 있는

충분한
너무도 충분한 한 시절의 잎사귀들처럼

서로에게 흠뻑 젖는
위로의 시절을 지나간다

구름 너에게

그런 날이 있다

나는 혼자 흔들리는데
혼자가 아니었나 보다

구름이 떠가는 하늘에서
바람이 스치는 하늘에서
침묵의 마음처럼
변하는 구름

그래 구름도 마음이어서
바람 없이도 흔들리나

계단 없이도 오르내리고 싶은
폐허 없이도 살아가고 싶은

나에게 오늘은
구름의 날이다

낡은 부부

서로
여기까지 왔는데

바깥은 사계절 지나는 동안 다 닳아버렸는데

가슴은 다 굳어버렸는데

저녁 하늘 바라보다
문득 출렁이는 물결이 일어
눈을 감네

뜨거운 눈물이
석양처럼 터지는

그런 날이 오고야 마네

그의 얼굴

사람이 잠든 듯 누워 있다

아무도 아니고
아무것도 아니게
그는 있다

세상은 이제 그를 잃었다

인자하지도 않고
폭력적이지도 않은

그 사이 어디쯤의 얼굴로

그가 없는데
그의 얼굴이 있다
그가 아닌데 그가 있다

빈 침상에 새겨진

그의 얼굴을 붙잡고
흐느낀다

서러워서가 아니라
얼굴이 사라질까 봐

우리에게도
그림자 속에서 피어나는 빈 꽃처럼
그때가 오고
누구나 세상에 얼굴을 두고 간다

더 이상 아무라고 불리지 않을
마지막 그의 얼굴
아버지

그게 다 사랑 때문이야

우리 서로 만나
왜 지붕을 만들고
왜 그렇게 살아가나

나도 모르게 태어난 세상
무얼 보고 사랑인 줄 알고
온 것일까

잠깐 꽃이 더 아름답게 피었던 날
또 하나의 지붕을 만들고
우리는 숨어들어
사랑이 꽃핀다 했지

살다 보니

바람 불고 비 오고 눈 오고
햇빛도 들고
곰팡이꽃 피는 지붕 아래에서

사방 벽에 부딪치는 외마디가 굳어져
벽지 하나 더 입혀지고

더 따듯해졌다
우리

그게 다 사랑 때문이야
누가 무어라 해도
그래!

주문 외우며 살아가지
마치 서로에게 닿아야 하는 것처럼

마스크 속에서
웅얼거리면서도

못다 한 사랑을 하며 우리 사는 거지

안에서 만져지는 몽글몽글한 슬픔

밖은 이미 어둡고
저 무지개 너머의 세상은 더 이상 없다고
느낄 때

안에서 만져지는 몽글몽글한 슬픔

이렇게밖에 할 수 없어서
나에게 미안해

겨우겨우 살아내서 미안해

버릴 것은 버렸는데
버리고 싶은 것은 버려지지 않았어
그래도 너만은 내게 남았지
그러면 된 것 아닐까

이제는 닳도록 품어서
부드럽고 정겨운 기억들이

만져지는데

내가 나와 함께
가는 길은
그곳 하나인데

그동안 만져지지 않았던 것들도
오늘은 내 안에서 나를 만진다

역사관 앞에서 생각하네

이제는 우리가
더 이상
나무에 매달리는 저 열매가 아니어도 좋아

우리는 떨어지고 떨어져
땅을 흔들어 뿌리 내리는
어떤 것 하나둘이어도 좋아

얼마만큼 우리는 멀리 떠나온 것일까

여기서 보니
나는 낯설고
우리만 남는데

저 먼 곳에서 꽃처럼 피다가 지다가
언제 훌쩍 길을 떠난 것일까

나도 그러했고

너도 그러했는데

어느덧
떠났던 것들 따라서
또 그렇게 오는
저기 저 우리들

틈새

너를 사랑할 때는
아무것도 안 보였다

너와 나 사이의 틈새에서
꽃이 피는 줄도 몰랐다

목련이어도 수선화여도 좋을
그때의 그 틈새

그립다

이제는 모두가 꽃이다

너와 내가 그 틈새이다

연분

내 마음의 설산이
그대 때문에
만년설이 된다 해도

여기까지 왔던 길
다시 걸을 것 같아

종교적

왜 두렵지 않겠어요
처음 가는 길인데요 흔들리는 길인데요

마음이 돌밭인데
무엇이든 믿고 싶었어요

들꽃이 세상 바람에 몸 맡기듯 그렇게요

그런데 세상은 그것만으로는
그저 그렇대요

곧 우리 생의 화면은 깨지겠지요
나도 아무도 모르게요

그래도 저편의 세상
저 바람 앞에 서면

그때는 나를 버리겠어요

당신 안에 내가 없어도요

3부

마음이 깊을수록
침묵의 바닥 위로
쌓이는 것들

어떤 인생

누구는 쉽게
살아가는 듯 보이는 곁에서

엉킨 거미줄
버릴 수 없어
새롭게 짜면서 오늘도 산다

지금 보니

꿈이 어지러울수록
세상은 단순했어요

아무것도 아닌 날들도
있었던 거지요

그저 믿으면 되었던 거지요

세상이 어지러우니
이제는 아무것도 할 수 없어요

어디든 갈 수 없고
누구와 나눌 수 없고
결국 혼자 가네요

지금 보니

꿈도 세상도 아니고

그저 함께 가자는 소리
듣고 싶을 뿐이었네요

하산할 때

한 줌 당신을 두고
돌아설 때
여태껏 참았던 것보다
나쁘지 않았으면
좋겠다

가는 길이 이제는 달라서
당신은 저기로 가고
나는 여기 있게 될
그때가

바람이 덜 부는 날이기를

손가락 마디 주름마다 끼어 있는 그리운 시간들
이제는
메마른 기억을 덮고
내 마음에서 흙먼지로 가라앉고 있을 것인데

당신은
나의 심장을 들고 멀리 가는 것일 텐데

생사를 가르는 산을 내려오며
따듯한 입김처럼 당신 이름을
내 입술에 얹어볼 수 있으면 좋겠다

한 편의 다큐로 끝날 수 없는

지구 저편에

군화와 총대와 시신이 나뒹구는 세계가
지금도 있다

벗겨진 군화의 밑창에는
거친 평온이라도 있을까

쓰러져 누운 자
쓰러뜨려 눕힌 자
그들의 찢어진 삶이
햇볕에 반사된다

나는 그들을 내려다보는 자
생명 있는 자가 생명 없는 자에게
생명 없는 자가 생명 있는 자에게
무슨 말을 할 수 있을까

울음과 울음 사이에
말 없는 눈물이 있을 뿐

다큐 같은 뉴스

죽음 가까운 실눈으로
세상을 건넌다

못난 침묵으로, 겨우

봄날 그 사람

서슬 풀린
봄날 공원 의자에 앉아
하늘 한 번 사람 한 번
시선도 풀리면

저기 조금 멀리
저 사람
내가 본 적이 있는 사람 같아

그 사람 한 번 더 보네

살아오면서 만나
눈 마주치며 보낸 날들 있던
사람

지금 저기서
비슷한 얼굴이
나를 보네

지나간 시간들 서로 겹치고
분별은 사라지고
남는 것은 모두 이미지들

네 모습 속에 나 있고
가끔 네가 부르던 소리 속에 나 있고
내 속에 네 운명이 흐르고

아른거려도
그렇게 끝까지 가면 좋을 봄날들

추억이 서로 다른

한 사람이 풍경 속에서 나와
나에게 다가온 날부터
추억은 시작된다

서로 나무가 되고
그늘이 되고
터널과 미로를 거치고
단단해지고

두 사람이 연리지가 되는 동안
추억은 매일 매일
홑겹이 아니듯 쌓이지만

서로 달구고 볶고 찌고 끓이다가 마무리되어

하나둘 지는 석양빛으로
서로 다른 추억으로 남을
사람과

또 한 사람

기일

유실물처럼 이승을
소리 없이 지나칠 뻔했는데

그는 이제 돌아오고 있다

계절이 바뀌고
날들이 흘러갔지만

뼈 한 조각 없이 그림자 한 자락으로
돌아오고 있는 사람

비바람도 폭풍도 흔적을 지울 수 없이
아팠던 그 시절이
그에게서
스스로 차오른다

상처가 깊은 사람이
자신을 아프게 자주 들여다보며

풍성해지듯

남은 우리도 남은 사람이라서
그때 그 순간에 멈춰서

마침내 그의 죽음을 완성시킨다

돌아올 줄 모르고 떠나는
사람이 어디 있을까마는

더 여린 것들

마음이 깊을수록
침묵의 바닥 위로 쌓이는 것들

그러니까 내 살갗 말없이 떨어지는
그 까닭
모르고 사는 것이
더 좋았나

제 생을 다 살고 떠나는 것들 뒤에서
나보다 더 여린 것들
차마 말 못하고 가는
그 까닭
묻지 않는 것이
더 옳았나

지나고 보면
먼지 같은
아지랑이 같은

별별 이유들

그저 홀로
사라지게 두면 되었나

은행알 구르며 내는
우주 깨는 소리

들을 수 있으면
들으면 되는 것이었나

그렇게
봄은 오고 봄이 오고 봄까지 오고

우는 일도 일인데

저 거리는 먼 거리인데
저 영역도 내 영역은 아닌데

TV 속에서 그가 펑펑 운다고
젊은 그가 운다고
먹먹해서 나도 흐느낀다

아닌 척
긴 휘파람까지 불면서
서럽게 살아오며 눈물이 되었던 것들
다 쏟으며 우는데

나는 볼 수 있는 그를
그는 나를 보지 못하는데

어떤 생을 떠올렸기에
우는 일에 동참하는 것인지

신은 알고
나도 너도 모르는 세상

오늘따라
노을이 더 붉어지는데

내 눈동자도 그를 쓰다듬으며 붉네

등 뒤의 길

당신이 흘리고 간 마음을
둘 데 없는 사람

등 뒤를 마치 옛길인 듯
돌아보네

마음을 조금 눌러보면
지난 시간들 웃어 보이고

떠나는 것은 아무것도 없다고
해도 될 것 같아

다시 당신이 또 떠난다 해도
이제는
말할 수 있을 것 같아

당신이 있던 날들에게
당신이 없던 날들에게

아, 말해야 할 순간

등 뒤의 길이란
아예 없었던 건지도 모르겠네

청춘에게

날들은 흘러
그가 가고 없는 이곳에

겨울이 되어도
푸른 그늘 한 자락 남아 있다

그가 두고 간
흰 종이들 가볍다, 가엾다

한때는 새 떼들이었을
종잇조각들
허공을 날고 있다

가고 가더라도
오고 오더라도

회복될 수 있으면
상처일 뿐인데

다음이
죽음이어서일까

푸른 그림자
가고 오고
오고 가네

2020년의 침묵

이제는 무슨 말이 더 필요할까

마스크만 거리에 떠다니고

입술에 매달린 것들 모두 떠나고

그러다 우리도 떠나고

세상은 녹은 빙하처럼 떠다니고

입속 어디에 있을까

맑은 구름 같은
그 침묵은

간절하다

사람이 사람인 채로
한세상 익어가는 일이

배추벌레보다 못하다는 것을 알지만

사람에게도
사람이니까
사람이어서

어떻게든 할 수 있다고

죽기 전에 너에게 꼭 말하고 싶다

사람들

떠난 사람을 잊기도 전에
꽃이 피기 시작한다

한 발 내딛어보는
소심

세상
그래서 조금 더 따듯해지나

슬픈 사람
한없이 제 마음 쓰다듬나

사랑했던 기억뿐인
생사의 길목에서

사람들
꽃 따라 다시 일어난다

천지사방 조만간
우리 흐드러지겠다

유언

우리들 함께 살았는데
그들이 떠나고
당신이 떠난다

밀물 때보다
썰물 때 평온이 온다고

떠나는 뒷모습에
내 눈이 닿으면
썰물의 지문이 말을 남긴다

그대는 좀 더 있다가 와

모래알 같은 눈물 쏟아지는 틈으로
그들 무리에서 당신이 웃고 있다

그리고 남은 세상이
나에게 한마디 덧붙인다

무정하게 말했으면 더 나았으려나

4부

이제 우리는
멈춰야 한다는데

멍울 하나

나에게 찾아온 것들이
내게 깃들다가
떠날 때는 깃털처럼 훌훌 빠져나가는데

당신이라는 멍울 하나
바보같이
끝내 남아 있네

낯선 사람

사는 동안
뿌리가 깊었던
당신

당신이 떠나고
한 바퀴 나를 껴안고
세상이 돈다

길가에 버려진 뿌리가
거꾸로 뿌리 내린다

허공 속에서 문득
나는
낯선 사람이 된다

당신을 위해
한 바퀴 생이 다시 움직이는지

내 뿌리에서 꽃이 핀다

저녁에 찍히는 사진

어느 집이든 가족이 돌아오는 늦은 밤

창가 풍경 모두가 사라지고
유리창에 내 얼굴만 비치는
민망한 저녁에

기억은 끝이 없다

여기 이렇게 닿기까지
간이역 같은 작은 사랑 속에
있을 것은 다 있었다고

빛나는 잔돌 있었고
찾아드는 바람 있었고
사랑하는 우리 있었고

이제는 뒤돌아보면
다 떠나고

아무도 없어

사진에 찍힌 저녁은
지킬 것 없는 것도 지키고 있다

유족의 밤

한 사람이 살다
뒷모습조차 사라지는 밤
죽은 자와 산 자가 함께하는 마지막 밤

뭉클한 유언도 없이
공증된 유서 한 장 허공을 날기 시작한다

그가 떠난 빈자리에 남아
흐느끼던 유족 틈으로
갑자기 창밖으로 달이 울음처럼 쪼그라든다

이 한밤
세상 어느 것도 시끄럽게
등 돌리지 않는데
꽃잎 떨어지는 소리가 굉음 같다

왜 그랬을까?

그가 가는 길에
봄밤을 이야기했으면 더 좋았을걸

삼십 년 전 아니 오십 년 전
손잡고 부르던 노래 기억했으면 더 좋았을걸

오늘같이 슬픈 날
왜 이렇게까지

슬픔에 날이 선다
산 자들끼리 이제 어쩌나?

오랜 추억보다 강한 유서 한 장

그래도 가족인데

누구나 이별

이제 우리는 멈춰야 한다는데

우리가 달려온 길이
이렇게 끝나버리는
길은 아닌 것 같아, 어쩌지

이제 그는 혼자 가야 한다는데
남은 우리는 더 갈 수가 없다는데

어제까지
우리 모두는 고통이기도 했다가
기쁨이기도 했다가
풍경이기도 했는데

잔별도 없는 지도에서
허공의 끝을 바라보는
그를 병실에
두고 오는 이 길

지금 여기 둘러보아도
고요만 있어

헤어지는 이 길이
그 길이 아닌 것 같아
어쩌지

살아가는 길이 너무 길 것 같은데

꽃잎이 떨어지는데

그 사람이 운다

가슴 두고 떠난
사람들이
덧 상처를 내듯

습한 세상에서
상처는 잘 아물지 않아

꽃잎은 낱낱이

문 앞에서
그렇게 하나둘 떨어지고

그런 날들에게

꽃잎도 울면서 사라진다

어쩌다 깊은 생각

늘 걷던 길인데
무슨 일일까

꽃내음 즐기던 내가
어디 갔을까

이제는 사람의 냄새를 맡고 싶어

분내 나던 엄마들 이미 갔는데
이승 냄새는 엷어지는데

낯선 길에 들어선 듯

나를 감싸안는
깊은 정적

참 낯설지 않은 산책이
낯이 서네

많이 아픈 당신에게

모든 날들이 기적이었어요
일상은 일상다웠어요

해 뜨고 지고
달 뜨고 지는
그 사이에서
잠깐이라도 행복했어요

못 만날 수 있었던
우리가 서럽게 만난 것도
이렇게 서로를 떠나는 것도

하늘이 구름을 품은 것도
모든 것들이 기적이었어요

밖이 따스해요
봄볕인가 싶어요

살아 있던 것이 기적이듯
가는 길이 기적이기를

폐가의 기도

이렇게 겪어내야만 할까
아니어도 좋을 것은 정말 아닐까

내가 찾아갔을 때
하루하루 바닥으로 가라앉는 그곳
이미 폐허다

사랑하는 사람이
지금 여기 있다고
나는 누구에게 말해야 하나

침묵은 열이 오르고
과거는 숨이 막히고
너는 없는 채 있고

살면서 눈치 못 챈
투명한
뾰족한

아주 높거나 아주 낮거나 한
문턱들
그리고 날이 선 나

수직으로 서 있다

날들은 자꾸 가고

다시 튀어 오를 바닥이
제발 이 바닥이기를

옛 무덤

폭설 소식이 들리는
저녁 들판

고인돌이 고요하다

옛 무덤은 지나간 역사처럼 딱딱한데
무덤 속 사람은 존재조차 흔적인데

바닥을 쓸어가는 바람이
부르는 폭설

그 너머에서 조그맣게 되뇌며
죽은 듯 살았던 그동안

돌 속에서 꽃 피고
새 울고
말없이 마음 단단해지고

아무것도 아닌 듯
그렇게 살아온
고인돌이
기억하는 것은 그때뿐일지도 모른다

그래서 행복했을지도 모른다

어느 들판에서든
몇 겹의 세월이 흐르든

고인돌 두 다리 사이로
겨울 침묵이 또 그렇게 길게 지나간다

발의 세계

누구나 가는 길이라는데
나는 세상을 이렇게
서툴게 걷고 있다

걸음걸음이 아프다

세상 바닥 따라서
온 힘으로 걸었을 뿐인데

내 몸에서
보이지 않는 바닥이 있는 건
발뿐이었는데

오늘 밤
뒤늦게 아픈 발을
오래 쓰다듬으니

보이지 않던

그 마음이 보인다

그래요 이제는

황망하네요
어제는 갔어요

보낸 적이 없는데
어제 같은 날들도 갔어요

갈 것들은 덧없이 가고
이제는 당신 없는 날을 사네요

손을 만질 수도 없고
가슴이 닿을 수도 없는데

이 땅 어디서든 할 수 없는데

왜 하늘은 쳐다보는데요
왜 눈물은 이리 쏟아지는데요

멀리 있어도 마음은 나눌 수 있다지만

이제는
이렇게 살아가도 괜찮다 해야 하지만
그래도
사람처럼 살고 싶어서요

이렇게 살아온 것이 대단하다는
그 말 말고요

사람처럼 살고 싶어서요

이제는 이 꽃

평생 꽃집의 꽃이 아름다웠는데
어느덧
그 시절은 내게서 떠났네요

그러니 나에게
그 꽃은 주지 마요
뿌리 뽑힌 예쁜 꽃은 제발

당신에게 익숙할 수 없는
어느새 난 알레르기 환자

보도블록 사이로 빼꼼 존재를 알리는
손톱 같은 저 꽃 보며 가야 하는
아니면 들꽃 가득 핀 오솔길을 가야 하는

이제는 마냥 그저 그런
꽃을 사랑하게 내버려두어야 하네요
이제 나는

그 끝에는

사는 것이 이렇게는 아닌 듯한데

어느 날 살갑게 다가왔듯이
다른 어느 날인 이제
차갑게 떠난다

마음에서 마음 떨어지는 저 조용한 이별

세상 어느 것도
아무 일 없듯
그대로 있는데

마음이 아파도
그 끝에는 아픔 다한 마음이 있겠지

몸이 된 내가

저기 어딘가
네가 있다

바람 소리가
내 가슴에서 휘어지는 날

너에게 정말 가고 싶은데
이승이 넓은가 보다

길이 멀다고
몸이 말린다

낡은 몸이 아프니까
가지 말라고

너는 늘 거기 저기 있는데

몸이 이제 나 없이

구름처럼 떠나려나 보다

5부

서로 마음이
마음에 닿을 때까지

내공

낙엽이 저녁 시간처럼 누워 있다

온종일 가슴속을 벌레가 숭숭 뚫어놓은 몸

슬픔이 단풍처럼 잘 물들었다

내 주소는요

마음 풀고 지낸 지 오래

언제든 그대는 말없이 왔다 간다
내가 방심하는 사이에

나는 개나리 다열 26에
몸을 누이고 있지만
나는 없다

저기 하늘과 여기 바람이 함께 놀다가
나에게 와서
친한 듯이
문 두드리는 소리만 들린다

그럴 때마다
내가 사람인 듯
가슴이 아프다

미물

두고 온 것들이
아련해질수록

가슴은 더 지하 동굴처럼
깊게 파인다

그 속에서 살아가는
미물들이 모두
그래, 당신이다

용산역

가슴 아픈 사람이 있듯이
가슴 아픈 역이 있다

지금은 꿈의 계단을 오르는 역사(驛舍)
그러나 계단이 없던 그 시절

서울역 직전에서
잘못 풀린 청춘을 다 바쳐도
계단을 한 발도 오르지 못했던 한 여자 두 여자들이
모여서 운다

비가 오지 않는데도 붉게 서러워 우는 여자들 때문에
역 광장은 늘 축축하다

세상은 한 겹 벗기면 속살이 드러나고
한 겹 덮으면 새 역사(歷史)가 시작되는데

오늘 햇빛 쨍쨍한 용산역
갓 상경한 처녀처럼 눈부시다

100번 버스 정류장에서

저 눈처럼
누군가 잠시 다녀갔다고

보이지 않아도
냄새마저 사라졌어도
알 수 있다고

잠시 멈춰서 생을 기다리던 사람들이 있었다고

오늘도
저 바람결처럼
당신이 스쳐 지나가고
막차가 지나가고
세상이 그렇게 나를 스쳐 지나간다고

여기에 서서
울먹이기보다는

내 앞에서 낙엽처럼
누구든
내 뒤에서 새순처럼
누구든

나를 잠시 만나기 위해
이승의 이 끝과 저 끝
누군가 간절히 잡고 있다고

믿고 싶어

또 서 있네

이 바닷가

카페 유리 통창이 뿌옇다

눈물이
남보다 더 흐르는 사람들
바닷가에 와 있나 보다

파도는 말이 없이
몸짓만 남기고

저 파도는 어제도 왔던 파도
아니 어제는 오지 않았던 파도
날마다 낯익은 듯 낯선 파도

쓰다듬고 갔다가 더 쓰다듬으러 또 오나 보다

지금도 파도는 깨지면서
포말만 남긴다

살아온 어제보다
살아가는 오늘이 더 아픈 사람들이

그래서인가

비 오는데도
이 바닷가에
저렇게 모이나 보다

카페 OMG!

골목 카페에 마주 앉은
두 사람
그리고 두 사람들

비록 두 손은 맞잡고 있지만

눈은 너를 보라고
나에게 있는 것 같아

입은 너에게 말하라고
나에게 있는 것 같아

발은 너에게 가라고
나에게 있는 것 같아

비록 두 손은 맞잡고 있지만

나는 온통 너에게

가려고 나에게 있나 보다

오 마이 갓!

생각하지 못한
마음이 이렇게 놀라는 날도 있다

문이 있던 집

한순간이면 이렇게 되는 거구나

사랑한 사람과 헤어지는 일처럼
내가 사랑한 것들
이제는 아무것도 할 수 없어

바람에 실려 오던 봄이
비말에 쓰러진다

내 몸이 비말이다
봄이 아니라 몸이 문제다

그렇게 사이좋던 너와 내가
이제는 만나기조차 무서워

문을 잠그고 있어도 열리고
문을 열고 있어도 잠기고
어처구니없는 문

있기나 한 건가

세상이 휑하다

우리가 살던 집
문이 있던 집
그 안에서 우리의 봄은 꽃을 피우고
화사했는데

지금은
아무것도 없는 집

그 문으로 누군가 드나들기는 했던 건가

인간이어서 슬픈 거구나

알래스카 가는 사람들

까닭 없이 알래스카로 가고 싶다

어떻게든
아픈 빙하와
슬픈 연어가 서로를 지탱하는 그곳에

지구의 한쪽에서
누군가 불화로 울고 있을 때
알래스카도 그렇게 울고 있다고 믿을 때

무엇보다
내가 아직 너를 묻어둔
빙하를 가슴에서 꺼내지 못하고

내가 정말 너 없이는
연어처럼 집으로 돌아가지 못하고

무엇보다 나를 용서할 수 없을 때

꿈마다 나는 가고 있다
알래스카 그곳

끝없는 백야가
눈을 부릅뜨고 눈물 그렁그렁하며
사랑한다고 어서 오라고

그런데 나를 두고 사람들은 다 어디 갔나

눈물처럼
한 방울 한 방울 녹는
빙하 속으로 벌써 사라진 것인지

끊임이 없이

살아가는데

첫번째가 사라지니
사소한 두번째 것들이
소중해지는 날들이 온다

별것 아닌 것들도
숨 쉬고 있었다는 것을

여름 숲에 왔다
새들의 말들만 들리고
나뭇잎이 바람과 살 부비는 소리만 들리고

네 목소리가 들렸다 말았다 하는 여기

오늘까지 잘 살았다고 생각하면
더 길이 없을 것 같지만

이렇게 쉼표는 마침표가 아니어서

여름 숲에서 또다시 길을 내어본다

귀가

이렇게 멀리 있어도

오래된 벽을 기어오르는 푸른 담쟁이처럼
네 울음이 내 벽을 기어오른다거나

말할 것 많은 눈으로
나를 길게 바라다본다거나

그런 꿈을 꾼다
환한 기억은 이미 없는데

너와 이렇게 멀어도
그래도 삶이라
국경도 없는 능선을 부드럽게 넘어가는 노을에 기대보는
날들

슬픔이라고 말하지 않아도

축축한 날들이 우리 등 뒤를 타고 넘어오고

그렇게 또다시

서로 마음이 마음에 닿을 때까지
그리 오래 걸리지 않았다는 것을 알듯이

내가 떠나 있어도
언젠가는 돌아갈 것을

꿈결

여기저기 안개가 피네요
꽃은 다 어디 갔나요

꽃이 모두 안개꽃이 되었나 봐요

온통 매달려 흔들리네요
팔다리 흐느적거리는 인형들처럼

채워가는 삶이 두려운 날들
꿈결에 쌓이는 꿈같은 어제

우리는 오늘도 사는데

그래요
보이지 않는 것을 믿어야죠
여태껏 그래왔으니까요

아직 사랑하니까

아직 마음이 아프니까
아직 눈빛 너머를 읽으니까

오늘을 웃을래요 꿈결에서도

꽃 아닌 것들이

바람이 사람처럼 슬프게 분다
꽃이 피고 진다

꽃이 피듯 사람이
꽃이 지듯 사람이
꽃 아닌 것들이 피고 진다

그렇게
움직일 때마다 흔적을 남긴다
소리로 냄새로 지문으로
그것도 모자라서
꿈으로

그래
살아 있는 동안이
꽃이야 사람이야

그런데 오늘은

꽃 아닌 것들이 내 가슴을 친다

절대적으로 사랑한다

작은 이국의 낯선 공항
맞은편 의자의 저 여인

내가 모르는 모국어를 쓰는데

사람도 언어도 모르는 사이인데
마주친 눈빛으로
오늘 치의 마음을 나눈다

마음은 누구나 있으니까
마음은 말을 하니까

말이 아니어도 말이 되는 이 시간

지금은 환승 중
나도 안다

발바닥은 이것도 저것도 아닌 허공에 있는데

마음 바닥은 어딘가 닿아
다시 튀어 오르는데

모르는 당신들이 왔다 간 흔적이
내 어깨에 날개를 달고
내려다본다
나를

그러니까 모든 것이 사랑이다
내가 나 아닌 듯한
내 몸이 아닌 듯한

여기에서는 절대적으로

멍 한 덩이

머물다 간다는 말처럼
가슴 아픈 말

떠가는 구름도
내 눈 밖을 벗어나는 풍경도
그대도

내 가슴을 한 번
내 생을 한 움큼 덜어내고 가버려서

슬플까
슬프다
생각할 사이도 없이

그림자마냥 멍 한 덩어리 남았네

해설

몸의 세상, 세상의 몸, 그 헐렁한 슬픔을 향하여

신수정(문학평론가·명지대 교수)

　이사라의 여덟번째 시집 『더 헐렁하게 사랑하든지』에는 이 세상의 끝에 다다른 자의 감회가 도저하다. "우리들 함께 살았는데/그들이 떠나고/당신이 떠난다"(「유언」) 우리가 함께했던 날들은 이제 기억 속에서만 건재하고 어느새 이별은 삶의 형식이 되었다. "곧 우리 생의 화면은 깨지"(「종교적」)고 나는 사라질 것이다. 한 생이 마감을 염두에 두고 있다. 그런데 "밖은 이미 어둡고/저 무지개 너머의 세상은 더 이상 없다고/느낄 때" 바로 그 순간 시인은 "이렇게밖에 할 수 없어서/나에게 미안해//겨우겨우 살아내서 미안해"(「안에서 만져지는 몽글몽글한 슬픔」)

라고 느닷없는 자책을 쏟아내고 있어 주목을 요한다. 1981년 『문학사상』으로 등단한 이래 시업 40여 년을 넘어서는 동안 심연 속 상처를 시의 표면 위로 불러내는 데 인색했던 '미학적 슬픔'의 대가는 이번 시집에 이르러 그동안 접어두고 억제해온 슬픔의 주름을 풀고 '몽글몽글한' 회한의 감상 덩어리를 끄집어내 거침없이 만지고 또 '만진다'. "새 풀과 새 물이 필요해요/언제나 건조해요/정착했는데 아닌가 봐요"(「유목」)라고 원하는 것을 분명하게 요청하는가 하면, "너와 사는 동안/순간순간/울컥했다"(「울컥」)고 직접적으로 고백하고 "그게 다 사랑 때문이야/누가 무어라 해도/그래!"(「그게 다 사랑 때문이야」)라고 격렬하게 감정을 토로하기도 한다.

에드워드 사이드가 말하는 '말년의 양식(late style)'이라고 할까. 예술가들의 노년에 종종 발견되는 비타협, 풀리지 않는 모순, 구조적 불협화음 등을 안정감이나 삶의 연륜, 지혜 등과 대비시키는 사이드는 조화와 해결의 징표 대신 예술가가 이제까지의 기존의 사회 질서와의 원활한 관계를 포기하고 과감하게 뜻밖의 관계를 새롭게 형성하는 지점에 주목한다. 소위 '자발적 망명'으로 규정되는 노대가의 지배체제와의 비타협적인 면모가 성숙한 예술의 지양된 형식

보다 예술의 실체에 부합한다고 생각하기 때문이다. 이사라의 이번 시집에서도 우리는 이러한 면모를 확인할 수 있다. 물론 이 시집에는 2000년대 이후 시인의 작업, 이를테면 『시간이 지나간 시간』(2002), 『가족박물관』(2008), 『훗날 훗사람』(2013), 『저녁이 쉽게 오는 사람에게』(2018) 등의 여운이 없지 않으며 그것들을 심화하고 갱신하려는 의지도 두드러진다. 특히 과거, 현재, 미래로 이어지는 일직선적 진화론의 시간관에서 벗어나 시간을 과거와 미래가 동시에 현재로 출몰하는 '진흙 덩어리'이자 파편 같은 '토막', 그리고 그 토막들이 서로 엮인 '사다리' 같은 것으로 감수하는 지점은 여전하다.

  그러나 이번 시집이 그동안 엄숙하게 고수해온 미학적 절제에서 벗어나 나이 들어가는 자의 감정을 자유롭게 직설적으로 분출하는 대목은 새롭다고 할 만하다. 형이상학적 주체에서 몸의 실존으로 옮겨가는 정체성의 재구성 과정이 슬픔의 눈물을 통해 타자와 공감하는 장면도 돋보인다. 무엇보다도 이 시집이 나와 너의 공감의 가능성에 문을 열어놓고 있지만, 완전한 합치의 전체성에는 격렬하고 냉소적으로 저항하는 부분도 흥미롭다. 이 '헐렁한 틈새'의 시학을 말년에 이른 이사라의 시의 또 다른 출발이라고 할 수 있지 않을까. 그 가능성의 조건을 탐색해보기로 한다.

 생생하게 느껴져요
 이 세상이 저세상과 섞여
 있는 모호한 공동체

 부모 지인 후손
 떠난 사람들이 다 돌아와 있어요
 허물어져 없어진 옛집
 흐려져 가는 기억
 스쳐 갔던 창밖의 여정

 여기는 비무장지대인가 봐요
 아니면 혼수상태인지도

 돌아올 수 없는 일들이
 다 미안하다고 하는

 돌이킬 수 없는 것들이
 다 돌이켜지는

뜬구름 같은 경계

여기서는
나도 내가 아닌가 봐요
—「꿈을 꿨어요」, 전문

 몽환 상태로 드러나는 낯선 각성에서 시작해보자. 「꿈을 꿨어요」에 따르면, 지금 이곳은 떠난 사람들이 다 돌아와 있고 이 세상과 저세상이 섞여 있는 '비무장지대' 같은 곳이다. 이 '모호한 공동체'에서는 어찌 된 셈인지 허물어져 없어진 옛집이나 흐려가는 기억, 잠깐 스쳐 지나간 창밖의 여정이 오히려 더 생생하다. 남아 있는 것보다 사라진 것이, 현재보다 과거가, 전체보다 부분이 실감을 압도하는 시공간 속에서 나는 '돌아올 수 없는 일들'이 다 미안하다고 하고 '돌이킬 수 없는 것들'이 다 돌이켜지는 일종의 '혼수상태'를 경험한다. 과거가 현재로 소환되고 미래가 눈앞에 펼쳐진다. 여기서는 '나도 내가 아니다'. 이제 시인은 자신마저 '낯설다'.
 '낯섦'은 빈번하게 등장하며 존재감을 과시한다. 「어쩌다 깊은 생각」에서도 나는 늘 걷던 길을 산책하건만 이전과 달라진 미묘한 변화를 느낀다. 무슨 일일까. 나는 이제 늘 걷던 길에 감돌던 꽃내음조차 쉽게 감지하지 못한다. 분내 나던 엄마들의 냄새도 사라진 지 오래고 어느새 이승의 냄새는 엷기만 하다. 나를 감싸안는 것은 깊은 정적뿐. 낯설지 않은 산책이 낯설게 다가오는 것은 이때다. "늘 걷던 길인데/무슨 일일까//꽃내음 즐기던 내가/어디 갔을까 (……) 참 낯설지 않은 산책이/낯이 서네"(「어쩌다 깊은 생각」) 익숙한 것의 낯섦, 그 언캐니(uncanny)가 나를 심문한다. 내가 알던 나는 어디 있단 말인가.

    저기 어딘가
    내가 있다

    (……)

    너에게 정말 가고 싶은데
    이승이 넓은가 보다

    길이 멀다고
    몸이 말린다

    낡은 몸이 아프니까

가지 말라고

—「몸이 된 내가」, 부분

  시인은 '저기 어딘가'에 있는 자신을 본다. 나는 자신에게 가려고 한다. 그런데 내 몸은 나에게 가는 길이 멀다고 '말린다'. 몸과 나는 서로 멀리 떨어져 가고 싶어도 가지 못하는 신세가 된다. 나에게 가려고 하면 할수록 몸이 '아프다'. 몸과 내가 하나가 되는 순간은 이제 쉽게 오지 않는다. 나는 늘 '저기'에 있고 '낡은 몸'은 '거기'까지 가지 못한다. 몸과 분리된 나를 나라고 할 수 있을까. 이제 몸이 나다. 이 순간 시인은 '몸이 된 나'를 받아들인다.

  "다 빼앗겨도//남는 건/내 몸뿐//몸 없으면 나 없고/나 없으면 영혼도 없다//내 몸이 사건이다"(「실존」) 나는 몸으로 환원되며 그렇지 않고선 존재할 수 없다. 몸이 곧 나의 실존을 대변한다. 몸을 하나의 윤리적 '사건'으로 받아들일 수 있는 것도 그 때문이다. 이제까지 주어진 상황과 구별되는 어떤 변화의 계기가 도래했다는 것, 이제 주체는 마음 혹은 영혼과 동일시했던 과거의 기억을 뒤로하고 몸이 하는 말에 귀를 기울이며 몸의 조건을 승인하고 돌보는 새로운 존재로 거듭날 필요가 있게 되었다.

'나'를 바라보는 '나'를 내면화하는 메타적 시선은 이사라의 시에 내장된 지적 경향 가운데 하나라고 할 수 있지만, 이 시에 나타나는 몸과 마음의 분리는 시적 성찰이나 문학적 자의식을 넘어 몸을 존재의 기반으로 설정하는 주체의 탄생을 주도한다는 점에서 정체성의 재구성과 무관하지 않다. 오랜 기간 마음의 형이상학을 탐구해온 이사라의 주체는 말년에 이르러 마침내 몸의 실존으로 귀환하는 모습을 보인다. 널리 알려진 대로 몸은 늘 철학적 담론의 주변부였다. 데카르트의 코기토로 대표되는 의식의 철학을 비롯하여 서양 주류 철학은 늘 인식의 토대를 불변하는 정신 혹은 영혼으로 설정해왔다. 몸은 어두운 영토로 유폐되고 몸을 벗어난 불멸이 옹호되어온 저간의 역사는 다시 말할 필요도 없을 것이다. 그런 맥락을 생각하면 '몸 없으면 나 없'고 '내 몸이 곧 실존'이라고 규정하는 이사라의 시적 인식의 전환은 말년의 시편이 거둔 놀라운 성과라고 하지 않을 수 없다.

 아프다고 이제는 소리 내본다
 이미 깊게 깃든 걸

 지난 세월은 저만치 혼자서 아름다운데

세상은 날마다 나에게 달려들어
건드리고 흔들고
남긴 것이 통증이다

우리가 가진 게 몸뿐인데
우리가 가진 게 몸의 마음뿐인데

아프지 않으면 어떡하나

저녁이면 매일 속이 터지는 해처럼
나도 매일 아프다

함께 가는 몸인데
몸이 그렇게 슬픈 건데
—「몸이 그렇게 슬픈 건데」, 전문

 흥미로운 것은 이 인식이 '아픔'을 매개로 이루어진다는 점이다. 「몸이 그렇게 슬픈 건데」에 따르면 '지난 세월'은 저만치 혼자서 아름다웠지만 이제 '아프다'고 소리 내볼 수 있는 시간이 도래했다. 어쩌면 아름다웠다고 회고되는 지난 시간 역시 아픔의 연

속이었을지도 모른다. 그러나 이제까지 아픔은 그에 합당한 소리를 얻지 못했다. "아프다 말도 못하는/아픔이//슬며시 사라지지 않고//내 생의 곳곳에 뿌리를 내렸"(「피붙이」)고, 나의 지난 시간은 "사람들 사이여서/이렇게/아프다는 말도 못하고"(「자화상」) 바람과 함께 이리저리 부딪치는 과정의 연속이었다. 몸이 하는 말은 무시되고 은폐되었다. 그런 식의 '미친 사랑'이 아니었다면 (여자인 내가) 여기까지 오지 못했을지도 모른다. 여기 도달하기 위해 억눌리고 돌보지 못한 몸의 언어들. 그러나 도착은 늘 새로운 시작이다. 이제 몸은 더 이상 어둠 속에 얌전하게 유폐되어 있지 않으려고 한다. 거대한 '통증'이 세상에서 미처 발화하지 못한 몸의 말을 대신한다. "몸이 크게 여러 번 깨졌다가/그리고 붙었다가/거의 죽었다가 겨우 돌아온 세상"(「작품」)에서 나는 매일 '아프다'. 이 신호를 무시할 수 있을까. 우리가 가진 게 몸뿐이라면, 몸이 하는 소리가 곧 나의 마음이 되어야 하지 않을까. 그런 의미에서 '마음의 몸'에서 '몸의 마음'으로의 존재론적 전환은 정당한 요구라고 할 만하다.

그런데 이 전환은 여기서 그치지 않고 또 한 번의 시적 반전을 준비하고 있어 인상적이다. '아프지 않으면 어떡하나'라는 우려가 그것이다. 내 몸의 아픔을 받아들이는 순간 '나'의 아픔은 '함께 가는 몸'의 '슬픔'으로 확장된다. '저녁이면 매일 속이 터지는 해처럼' 나는 '함께 가는 몸'의 아픔을 (TV 뉴스로) 지켜보며 매일 아프다. 아파서 슬프다. 함께 슬퍼하기 위해 나는 아파야만 한다. 아프지 않으면 이 슬픔에 동참할 수 없기 때문이다. 그런 의미에서 이 시에 나타나는 '아픔의 슬픔으로의 변주'는 타자의 아픔에 동참하고 그것에 공감하는 자의 애도의 표명이자 윤리의 출발이라고 할 만하다. 이 순간 몸은 타자를 내부로 받아들이고 세계를 포옹하는 공간이 된다. 타자와의 접속을 통해 내 몸은 사회적인 공간으로 확장된다. 그것은 "제 생을 다 살고 떠나는 것들 뒤에서/나보다 더 여린 것들/차마 말 못하고 가는/그 까닭/묻지 않는 것이/더 옳았나"라고 자문하는 시간이자 "은행알 구르며 내는/우주 깨는 소리//들을 수 있으면/들으면 되는 것이었나"(「더 여린 것들」) 자각하는 순간이기도 하다. 시인은 이제 '나'의 아픔에서 '나보다 더 여린 것들'의 아픔을 되새기고 '은행알이 구르는 소리'에서 '우주 깨는 소리'를 듣는다.

    저 거리는 먼 거리인데

저 영역도 내 영역은 아닌데

TV 속에서 그가 펑펑 운다고
젊은 그가 운다고
먹먹해서 나도 흐느낀다

아닌 척
긴 휘파람까지 불면서
서럽게 살아오며 눈물이 되었던 것들
다 쏟으며 우는데

나는 볼 수 있는 그를
그는 나를 보지 못하는데

어떤 생을 떠올렸기에
우는 일에 동참하는 것인지

신은 알고
나도 너도 모르는 세상
  ―「우는 일도 일인데」, 부분

TV를 보던 나는 그 속의 젊은 그가 펑펑 우는 것

을 보고 먹먹해져서 '같이' '흐느낀다'. '나는 볼 수 있는 그'를 '그는 나를 보지 못하는데'도 '거리'는 문제 되지 않는다. '서럽게 살아오며 눈물이 되었던 것들 다 쏟으며 우는' 그와 나의 영역이 겹치지 않는 것 역시 문제가 아니다. 중요한 것은 그의 울음이 나의 울음으로 전이되고 내가 '우는 일'에 '동참'한다는 사실이다. 시인은 우는 일도 '일'이라고 주장한다. 그의 울음에 함께함으로써 나의 울음은 내가 살았던 혹은 살아보지 못했던 '어떤 생'을 떠올리고 상상할 수 있으며 그것에 공감할 수 있게 되었기 때문이다. 타자의 생에 공감하고 그의 울음에 동참하는 일은 인간의 세상에 깃든 기적 같은 마법이라고 할 만하다.

지구 저편에

군화와 총대와 시신이 나뒹구는 세계가
지금도 있다

(……)

나는 그들을 내려다보는 자

생명 있는 자가 생명 없는 자에게
생명 없는 자가 생명 있는 자에게
무슨 말을 할 수 있을까

울음과 울음 사이에
말 없는 눈물이 있을 뿐
—「한 편의 다큐로 끝날 수 없는」, 부분

 이 시도 마찬가지다. 지구 저편, 어느 곳에서나 군화와 총대와 시신이 나뒹구는 세계가 현존한다. 그러나 그 세상은 나에게 너무 멀리 떨어져 있어 실감을 공유하기 어렵다. 만약 의식(말)의 입장, 마음으로 생각한다면, 그 세상의 전쟁과 살육의 공포는 그들의 것일 뿐 나의 '일'이 될 수 없다. 그것은 다만 멀리 떨어진 자에게 한 편의 '다큐'로 끝날 뿐이다. 그런데 '눈물'이 개입될 때 이야기는 달라진다. 눈물의 관점에서 바라보면 그들의 울음은 곧 나의 것이 된다. 그들의 울음과 나의 울음 사이에는 어떤 말이나 논리도 개입하기 어렵다. 로고스를 넘어서는 파토스의 세계. 눈물의 정동은 말이 끊어지고 논리의 사다리가 무너진 세상을 건너가는 유일한 무기라고 하지 않을 수 없다. 그리고 바로 그 순간 그들의 세상은 다만 한 편의 '다큐'로 끝나지 않는다. 그것은 나의 세상으로 넘어와 나의 현실이 된다.

"서슬 풀린/봄날 공원 의자에 앉아/하늘 한 번 사람 한 번/시선도 풀리면//저기 조금 멀리/저 사람/내가 본 적이 있는 사람 같아//그 사람 한 번 더 보네"(「봄날 그 사람」) 지금 나는 봄날 공원 의자에 앉아 나와 조금 멀리 떨어져 있는 그 사람을 본다. '서슬 풀린' 봄의 기운에 힘입어 나른하게 '시선이 풀리면' 낯선 그 사람이 '본 적 있는 사람'처럼 여겨지는 매직이 일어난다. 풀린다는 것, 예컨대 봄의 기운에 몸을 내맡기고 피부에 쏟아지는 햇볕에 온몸을 맡기는 순간 낯선 두 존재는 "네 모습 속에 나 있고/가끔 네가 부르던 소리 속에 나 있고/내 속에 네 운명이 흐르"는 특별한 실존을 경험하게 된다. "지나간 시간들 서로 겹치고/분별은 사라지고/남는 것은 모두 이미지들"뿐인 존재가 '겹침'으로 나갈 단초를 얻게 되는 것이다.

　　여기저기 상처가 보인다
　　이쯤 되어보니

　　세상이라는 몸

몸이라는 세상

오늘도
서로
모르는 사이에

셀 수 없이
날 선 칼이 왔다 갔다 했나 보다

눈물 같은 것은
담을 수도 없는

울퉁불퉁 그런 먹먹함으로

거울 닦듯
세상을 닦는다

밤 별처럼 운명이 총총하다

—「운명」, 전문

'이쯤 되'면 '몸'과 '세상'은 둘이 아니라 하나다. '세상이라는 몸'과 '몸이라는 세상'은 하나의 '운명'

이 되어 시인을 강타한다. 내 몸이 곧 세상이고 세상이 곧 내 몸이다. 내 몸의 아픔은 세상의 아픔으로 나아가는 통로이자 그것을 감지하는 매개체이고 세상의 상처는 내 몸의 고통으로 되돌아온다. 여기저기 상처투성이다. '날 선 칼'이 오가며 만들어내는 셀 수 없는 세상의 '상처'를 외면할 수 없는 것은 그 때문이다. 내 몸이 아픈 만큼 세상이 아프다. 오늘도 세상의 아픔에 동참하는 시인의 슬픔은 이제 눈물로도 담을 수 없는 '울퉁불퉁 그런 먹먹함'으로 항존한다. 이것을 시인의 운명이라고 하지 않을 도리가 있을까. 이 세상의 상처를 자신의 몸의 통증으로 소환하기. '세상을 닦는 일'은 멀리 있지 않다. 나는 아픈 만큼 세상과 공감한다.

 "죽을 만큼 아파 누워 바닥에 닿으면/그때//질긴 생의 손톱들 저 밑에서부터 자라서/바닥을 긁어댈 때면//그때/뿌리가 꽃잎에까지 솟구쳐 오른다//한없이 솟아오르면/누워서도 보이는 세상이 있다"(「누운 꽃도 아름다워」) '서 있을 때' 알지 못했던 것들을 '누워 있을 때' 알게 되는 수도 있다. 어쩌면 죽을 만큼 아파 가라앉고 가라앉아 바닥에 닿는 것만으로도 모자라 바닥을 긁어대는 순간에서야 비로소 알게 되는 것도 있을 수 있겠다. '누워서도 보이는 세상'은 그때 온다. 죽을 만큼 아픈 나의 고통의 뿌리가 세상이라는 꽃잎으로 솟구쳐 오를 수 있다는 것! 시인은 이제 '누운 꽃'이 아름답다고 말한다. 이 '미학적 진실'은 '이쯤' 되어서야, 죽음의 고통을 내 몸으로 겪어낸 후에야 마침내 도달하게 되는 세상의 어떤 역설인지도 모르겠다.

그러나 이사라는 이 고통의 전이를 낭만화하거나 이상화하지 않는다. 몸이 세상과 접속할 수 있는 통로가 될 수 있는 것은 분명하지만 이 연결이 나와 타자, 혹은 그 사람과 이 사람의 완전한 일치의 환희를 가져다줄 수는 없다는 것이다. 아무리 우리가 함께 울고 그의 슬픔에 동참한다고 하더라도 그와 나의 거리는 사라지지 않고 그와 나의 영역의 차이를 무시하기도 어렵다. 우리의 공감은 언제나 '순간'이지 '영원'이 아니며 그런 의미에서 우리는 '부분'이지 '전체'가 아니다.

삶에 적당히는 없다
어디서인가는 지진이거나 분노이거나

나는 늘 부분이었다

그래도

맑은 하늘이면 펼쳐진 구름을 기록하고
밤이면 익숙하게 너의 웃음을 기록하고

아슬아슬
사람이 살아가는 날들을 사는 동안

꿈꾸듯 위로를 기록한다
—「기록자」, 전문

  시집의 첫머리를 장식하는 이 시가 의미심장해지는 것은 이 순간이다. 결코 전체가 될 수 없는 나와 너의 운명은 나의 몸의 아픔을 통해 너와 접속함으로써 부분을 넘어서 하나가 되고자 한다. 그러나 '삶에 적당히는 없다'. 어디에서인가는 여전히 지진이 일어나고 또 어디에서인가는 분노의 불길이 활활 타오르는 것을 막을 수 없다. 나의 아픔이 온전한 너의 눈물이 되기엔 나와 너의 경계, 그 틈이 너무 분명하다. 그렇게 보자면 '나는 늘 부분'일 수밖에 없다. 그러나 이 시가 이 존재의 '부분성'을 수락하는 데 그치고 있다면 서시로서의 자격이 아쉬울 것이다. 이 시의 가장 빛나는 부분은 시의 중간에서 미묘한 단절과 연결의 리듬을 행사하는 '그래도'라는 접속어에서 온다. 앞 내용을 받아들일 만하지만 그럴 수 없거나 그렇지 않음을 나타낼 때 쓰이는 이 '그래도'와 더불어 우리의 '부분성'은 언제나 대리보충의 기회를 얻는다. "나는 늘 부분이었다/그래도" 기록자인 나의 활동은 지속된다. "아슬아슬/사람이 살아가는 날들을 사는 동안".

  이사라의 시에 관한 입장이 피력된 일종의 메타시로 읽어도 무방할 「기록자」가 포착하는 '아슬아슬'한 불안감은 「긴장」이라는 시에서도 확인된다. 나는 지금 번잡한 거리의 카페 이층 창가에서 창밖 사람들을 내려다본다. 돌연 길을 가던 한 사람이 멈춰 선다, 거리 한가운데에서. 나는 그의 멈춤이 궁금하지만, 이층에서 내려가 거리로 나가서 그를 붙잡고 왜 그러냐고 묻고 싶지는 않다. 나에겐 "그의 멈춤이/궁금해지는/이 정도의 높이"(「긴장」)면 족하다. "저 표정 다 보이듯/내 표정 다 보이는 이 정도의/높이"라면 굳이 그에게 다가가 그와 접촉하지 않더라도 그의 멈춤을 나의 것으로 받아들이기에 모자람이 없기 때문이다. 이사라에게 시 쓰기 작업은 바로 딱 이 높이만큼의 거리, 그 틈새가 요구되는 것 아닐까. 그

것은 '그래도'의 '아슬아슬한' 긴장 속에서만 간신히 헛된 위안의 세계, 그 전체의 환상에서부터 자유로울 수 있는지도 모른다. 그는 기도한다, 딱 이 정도만큼의 높이에서 나를 내려다보는 신이 있기를. "제발 더도 말고//한 잔의 차를 마시면서도/문득 신이 찾아드는 때가 있다".

「틈새」가 이 기도의 소산임을 확인하는 것은 어렵지 않다. 시인은 노래한다. "너를 사랑할 때는/아무 것도 안 보였다"(「틈새」) 그러나 사실 '꽃'은 너와 나 사이의 '틈새'에서 핀다. 사정이 그러하다면 틈새가 보이지 않는 사랑은 꽃을 피울 수 없는 불감의 열정, 숨 막히는 질식의 관계, 왜곡된 낭만주의의 현장이 되기 쉽다. "목련이어도 수선화여도 좋을/그때의 그 틈새"가 그리운 것은 그러한 이유에서다. 만약 "너와 내가 그 틈새"가 될 수 있다면 이제 모두가 꽃이 될 수 있을 것이다. 틈새가 보이지 않는 사랑은 위험하다. 틈새가 메워지지 않아야 나와 너는 꽃이 될 수 있기 때문이다. 그런데 재미있는 것은 시인이 이전에 이 '틈새'와 유사한 「빈틈」이라는 시를 발표한 적이 있다는 사실이다. 『훗날 훗사람』(2013)에 수록된 이 시는 사랑했던 사람을 잃고 혼자 남은 사람이 연인의 부재를 견디기 위해 '들끓던 시간'이 잦아들고 발생한 '지상의 고요'를 둥글게 둥글게 쓰다듬는 장면을 포착한다. "그와 나 사이/빈틈이 없도록"(「빈틈」) 10여 년이 지난 지금, 시인은 빈틈을 메우는 행위와 선을 긋는다. 사람과 사람 사이에서 발생하는 빈틈은 메우는 것이 아니라 틈새를 그대로 유지하는 것이 중요하다는 깨달음이 이전의 시와 지금의 시를 가르는 중요한 기준이 되고 있는 것이다.

    하나둘 떠나고

    익숙한 것들 사라지고

    우리는 남은 것들 틈에 끼어 산다

    뇌는 쪼그라들어도
    생각은 많은데

    그래도
    살아남은 자가 아니라
    살아가고 있는 자인데

    이 어지러움과 불안과 책무가

떠나는 날이 오기는 오나

누구나 그렇듯
눈꺼풀이 닫히면 세상이 없어지는데

나 없으면 세상도 없는데

기억이 먼저 사라지기 전에
우리
헐렁하게 더 헐렁하게 사랑하든지
  ─「텅 빈 주머니처럼 헐렁하게」, 전문

 이제 표제시를 이야기할 수 있을 듯하다. '더 헐렁하게 사랑하든지'로 마무리되는 이 시는 이 시집의 궁극적인 전언으로 보아도 좋겠다. 하나둘 저세상으로 떠나고 익숙한 것들이 사라진 지금, '우리는 남은 것들 틈에 끼어 산다'. 이 틈을 메울 방도는 없다. 틈이 초래하는 '어지러움과 불안과 책무'는 어쩔 수 없는 존재의 조건이기 때문이다. 이 연을 정리하는 어구, 즉 '(……) 떠나는 날이 오기는 오나'에 드러나는 핀잔 섞인 체념의 톤은 이를 가능하다고 믿는 모든 종류의 서정적 초월과 낭만적 허위에 유머러스한

냉소를 선사한다. 말년에 이른 노대가 이사라의 전언은 비교적 분명해 보인다. 나 없으면 세상도 없다. 그러나 나는 언제나 세상의 부분일 뿐이다. 나와 너는 세상의 틈에 끼어 살아간다. 그러니 이 틈을 메우려 애쓰며 나의 몸을 소진하지 말자. '헐렁하게, 더 헐렁하게 사랑하든지.'

이 '헐렁한 사랑'의 파토스는 정신의 형이상학과 무관하다. '틈새'의 수락, 헐렁한 존재로서의 몸의 실존은 의식의 균질적인 통제의 그물 바깥으로 주체를 내몰고자 한다. 이성의 그물에 걸리지 않게, 감시와 처벌의 시선에서부터 자유롭게. 「고고학자인 당신께」가 노래하는 바가 바로 그것이다. 시인은 자신의 몸을 발굴하고 방부 보존하고자 하는 어떤 움직임도 용납하지 않는다. "발굴은 왜 해요?/방부 보존은 왜 해요?"(「고고학자인 당신께」) 발굴하고 방부 보존함으로써 내 몸은 죽지도 못하고 살지는 더 못할 것이다. 내 몸을 이들 로고스의 주창자들에게 맡길 것인가. 시인은 조용히, 그러나 완강하게 고개를 젓는다. 이 고개 젓기의 저항에서 이사라의 『더 헐렁하게 사랑하든가』가 말년의 양식과 만난다고 볼 수는 없을까. 지배적인 상징 질서의 바깥에서 시인은 항변한다. 단호하고 격렬하게.

내 몸을 누가 파헤치려는지
내 역사를 누가 오염시키려는지

말 못하는 내가 말할 수도 없네요

그냥 스쳐 가주세요

주검으로 남고 싶어요
—「고고학자인 당신께」, 부분

'그냥 스쳐 가주세요, 주검으로 남고 싶어요.' 근래 그 어떤 시에서도 찾아보기 힘든 강력한 정언명령이 여기 있다. 이사라의 시는 시의 이름으로 다시 한번 말한다. '그냥 스쳐 가주세요, 주검으로 남고 싶어요.' 자발적 추방이 여기에 있다.

더 헐렁하게 사랑하든지
ⓒ 이사라

1판 1쇄 발행 | 2025년 5월 8일

지은이 | 이사라
펴낸이 | 정홍수
편집 | 김현숙 이명주
펴낸곳 | (주)도서출판 강
출판등록 | 2000년 8월 9일(제2000-185호)

주소 | 서울시 마포구 동교로17안길 21 (우 04002)
전화 | 02-325-9566
팩시밀리 | 02-325-8486
전자우편 | gangpub@hanmail.net

값 12,000원
ISBN 978-89-8218-364-5   03810

* 이 책의 판권은 지은이와 도서출판 강에 있습니다.
  이 책 내용의 전부 또는 일부를 재사용하려면 반드시 양측의 서면 동의를 받아야 합니다.
* 잘못 만들어진 책은 구입처에서 교환해드립니다.